JURIDICTION COMMERCIALE

RELEVÉ

DE

TOUS LES ACTES

DU MINISTÈRE DES

GREFFIERS DES TRIBUNAUX CIVILS

QUI EXERCENT LA JURIDICTION COMMERCIALE

Suivi de la nomenclature de toutes les formalités qui peuvent se présenter
dans le cours d'une faillite ou d'une liquidation judiciaire

TARIF

Du décret du 18 juin 1880 mis en harmonie avec la loi du 26 janvier 1892
et le décret du 23 juin 1892
et autres dispositions législatives antérieures au 1er janvier 1897

PUBLIÉ PAR LA

COMMISSION DES GREFFIERS DES TRIBUNAUX DE PREMIÈRE INSTANCE

Se trouve chez le Trésorier de la Commission des Greffiers

LONS-LE-SAUNIER
IMPRIMERIE ET LITHOGRAPHIE LUCIEN DECLUME
—
1906

JURIDICTION COMMERCIALE

RELEVÉ

DE

TOUS LES ACTES

DU MINISTÈRE DES

GREFFIERS DES TRIBUNAUX CIVILS

QUI EXERCENT LA JURIDICTION COMMERCIALE

Suivi de la nomenclature de toutes les formalités qui peuvent se présenter
dans le cours d'une faillite ou d'une liquidation judiciaire

TARIF

*Du décret du 18 juin 1880 mis en harmonie avec la loi du 26 janvier 1892
et le décret du 23 juin 1892
et autres dispositions législatives antérieures au 1er janvier 1897*

PUBLIÉ PAR LA

COMMISSION DES GREFFIERS DES TRIBUNAUX DE PREMIÈRE INSTANCE

Se trouve chez le Trésorier de la Commission des Greffiers

LONS-LE-SAUNIER

IMPRIMERIE ET LITHOGRAPHIE LUCIEN DECLUME

1906

TARIF DES EXPÉDITIONS

Délivrées par les Greffiers des Tribunaux civils de première instance faisant fonctions de Tribunaux de commerce.

Lois des 28 avril 1816, art. 63, et 26 juin 1892, art. 13 — Décret du 24 juin 18:2, art. 1

Rôles	Timbre	Emolum^t	Total	Rôles	Timbre	Emolum^t	Total
1	1 80	0 60	2 40	26	23 40	15 60	39 —
2	1 80	1 20	3 —	27	25 20	16 20	41 40
3	3 60	1 80	5 40	28	25 20	16 80	42 —
4	3 60	2 40	6 —	29	27 —	17 40	44 40
5	5 40	3 —	8 40	30	27 —	18 —	45 —
6	5 40	3 60	9 —	31	28 80	18 60	47 40
7	7 20	4 20	11 40	32	28 80	19 20	48 —
8	7 20	4 80	12 —	33	30 60	19 80	50 40
9	9 —	5 40	14 40	34	30 60	20 40	51 —
10	9 —	6 —	15 —	35	32 40	21 —	53 40
11	10 80	6 60	17 40	36	32 40	21 60	54 —
12	10 80	7 20	18 —	37	34 20	22 20	56 40
13	12 60	7 80	20 40	38	34 20	22 80	57 —
14	12 60	8 40	21 —	39	36 —	23 40	59 40
15	14 40	9 —	23 40	40	36 —	24 —	60 —
16	14 40	9 60	24 —	41	37 80	24 60	62 40
17	16 20	10 20	26 40	42	37 80	25 20	63 —
18	16 20	10 80	27 —	43	39 60	25 80	65 40
19	18 —	11 40	29 40	44	39 60	26 40	66 —
20	18 —	12 —	30 —	45	41 40	27 —	68 40
21	19 80	12 60	32 40	46	41 40	27 60	69 —
22	19 80	13 20	33 —	47	43 20	28 20	71 40
23	21 60	13 80	35 40	48	43 20	28 80	72 —
24	21 60	14 40	36 —	49	45 —	29 40	74 40
25	23 40	15 —	38 40	50	45 —	30 —	75 —

CHAPITRE PREMIER

FORMALITÉS ET ACTES DIVERS

—

1. — Acte de dépôt d'un rapport d'expert.

	Timbre	Enreg.	Emol.
Timbre...	» 60	» —	» —
Timbre répertoire	» 25	» —	» —
Enregistrement	» —	5 63	» —
Emolument....................................	» —	» —	» 50
Dixième du droit de rédaction	» —	» —	» 13
Mention au répertoire	» —	» —	» 10
Total..........	» 85	5 63	» 73

7 21

2. — Acte de dépôt relatif aux Sociétés commerciales.

Même coût que le n° 1.

3. — Acte innommé.

	Timbre	Enreg.	Emol.
Timbre...	» 60	» —	» —
Timbre répertoire	» 25	» —	» —
Enregistrement	» —	5 63	» —
Emolument....................................	» —	» —	1 —
Dixième du droit de rédaction	» —	» —	» 13
Mention au répertoire	» —	» —	» 10
Total..........	» 85	5 63	1 23

7 71

3 bis. — Acte de nantissement.

Même coût que le n° 3.

4. — Acte de dépôt d'un extrait de contrat de mariage d'un commerçant.

Cet article n'est porté ici que pour mémoire. Ces dépôts sont faits au greffe du tribunal civil ; il est donc inutile d'en donner le coût au point de vue commercial, puisque ce dépôt n'a pas lieu deux fois dans les tribunaux civils chargés de la juridiction commerciale.

5. — Certificat délivré dans les cas prévus par les lois et règlements ou prescrits par jugement.

	Timbre	Enreg.	Emol.
Timbre....................................	» 60	» —	» —
Timbre du répertoire	» 25	» —	» —
Enregistrement	» —	1 88	» —
Émolument	» —	» —	1 —
Dixième du droit de rédaction..........	» —	» —	» 13
Mention au répertoire..................	» —	» —	» 10
Total........	» 85	1 88	1 23

3 96

Légalisation, s'il y a lieu, 0 fr. 25 en plus.

6. — Certificat ne donnant pas lieu à un émolument prévu par le tarif.

Même coût que le n° 5.

7. — Certificat constatant la vérification d'un extrait des livres d'un commerçant.

Même coût que le n° 5.

8. — Certificat constatant que les livres d'un commerçant ont été cotés et paraphés.

	Timbre	Enreg.	Emol.
Timbre.........................	» 60	» —	» —
Timbre répertoire	» 25	» —	» —
Enregistrement	» —	1 88	» —
Emolument	» —	» —	» 50
Dixième du droit de rédaction	» —	» —	» 13
Mention au répertoire	» —	» —	» 10
Total.........	» 85	1 88	» 73

3 46

Légalisation, si elle est demandée, 0 fr. 25 en plus.

9. — Communication de pièces sans déplacement.

	Emol.
Emolument..........................	» 50

10. — Compulsoire (procès-verbal de).

	Timbre	Enreg.	Emol.
Timbre (timbre employé)............	Mémoire	» —	» —
— répertoire......................	» 25	» —	» —
Enregistrement	» —	5 63	» —
Emolument	» —	» —	4 —
Mention au répertoire	» —	» —	» 10
Total.........	Mémoire	5 63	4 10

Mémoire

11. — Déclaration faite ou transcrite au greffe qui ne donne pas lieu à un émolument particulier quel que soit le nombre des parties.

Même coût que le n° 3.

12. — Droit de qualité.

Emol.

Emolument pour un jugement par défaut .... 1 —
  »   »   »   contradictoire .... 2 —

N.-B. — Ce droit s'ajoute à celui de l'expédition : il ne doit être perçu qu'au moment de la délivrance de l'expédition ; si elle n'est pas demandée, il n'y a pas lieu de le percevoir. (Circulaire du Garde des Sceaux, du 29 juillet 1880, dernier paragraphe du titre Jugement).

13. — Enquête et contre-enquête.

	Timbre	Enreg.	Emol
Timbre (timbre employé)	Mémoire	» —	» —
— répertoire	» 25	» —	» —
Enregistrement	» —	5 63	» —
Dixième du droit de rédaction	» —	» —	» 13
Remise par temoins 0 fr. 05	» —	» —	Mé oire
Mention au répertoire	» —	» —	» 10
Total	Mémoire	5 63	Mémoire

Mémoire

14. — Expédition ou extrait de jugement, rapport, etc.

Emol.

Emolument par rôle .... » 60
    Voir le tableau qui précède le présent tarif.

N.-B. — Lorsque ces expéditions sont demandées par les Agents de l'Etat pour soutenir ses droits, l'émolument n'est que de 0 fr. 40 par rôle (Article 2 du Décret du 23 juin 1892).

15. — Faillite.

Voir le Chapitre III.

16. — Feuille d'audience (Jugements).

	Timbre	Enreg.	Emol.
Timbre..............................	» 80	» —	» —
» répertoire	» 25	» —	» —
Enregistrement	» —	Mémoire	» —
Mention au répertoire.................	» —	» —	» 10
Total......	1 05	» —	» 10

Mémoire

16 *bis*. — Feuille d'audience (radiation de cause).

	Timbre	Emol.
Timbre de la feuille d'audience...............	0 80	» —
» répertoire	0 25	» —
Mention au répertoire........................	» —	0 10
Total......	1 05	0 10

1 15

16 *ter*. — Feuille d'audience (remise de cause).

Timbre (mention sur registre timbré.................... 0 25

Une décision du Ministre de la Justice mentionnée dans une lettre du procureur général de Bordeaux, du 4 juin 1870, a admis la perception du droit de 1 fr. 15 pour les jugements de radiation et de 0 fr. 25 pour la mention de remise.

17. — Grosse.

Voir le numéro 14.

18. — Inscription sur le registre prescrit par l'ordonnance de 1673, titre III, article 4, du certificat constatant que les livres d'un commerçant ont été cotés et paraphés.

	Emol.
Emolument..	» 25

19. — Interrogatoire sur faits et articles.

	Timbre	Enreg.	Emol.
Timbre (timbre employé)...............	Mémoire	» —	» —
— répertoire......................	» 25	» —	» —
Enregistrement	» —	5 63	» —
Emolument..........................	» —	» —	2 —
Dixième du droit de rédaction	» —	» —	» 13
Mention au répertoire.................	» —	» —	» 10
Total......	Mémoire	5 63	2 23

Mémoire

20. — Jugement commerce (minute de).

Voir le n° 16.

21. — Jugement sur requête (minute de).

	Timbre	Enreg.	Emol.
Timbre (timbre employé)...............	Mémoire	» —	» —
— répertoire	» 25	» —	» —
Enregistrement......................	» —	Mémoire	» —
Mention au répertoire.................	» —	» —	» 10
Total......	Mémoire	» —	»

Mémoire

22. — Légalisation.

	Emol.
Emolument........	» 25

23. — Liquidation judiciaire.

Voir le Chapitre IV.

24. — Marque de fabrique (dépôt de).

	Timbre	Enreg.	Emol.
Timbre....................................	» 60	» —	» —
Timbre du répertoire..................	» 25	» —	» —
Enregistrement (quel que soit le nombre de marques déposées)....................	» —	5 63	» —
Emolument, 1 fr. par chaque marque déposée (1).....................................	» —	» —	Mémoire
Mention au répertoire...................	» —	» —	» 10
TOTAL......	» 85	5 63	Mémoire

Mémoire

25. — Marque de fabrique (certificat d'identité de).

	Timbre	Enrég.	Emol.
Timbre (timbre employé...............	Mémoire	» —	» —
— répertoire......................	» 25	» —	» —
Enregistrement...........................	» —	1 88	» —
Emolument................................	» —	» —	1 —
Mention au répertoire......	» —	» —	» 10
Légalisation..............................	» —	» —	» 25
TOTAL......	Mémoire	1 88	1 35

Mémoire

26. — Mise en rôle (droit de).

	Emol.
Dixième du droit de redaction.......................	» 15
Emolument..	» 15
TOTAL......	» 30

27. — Recherche (droit de).

	Emol.
Emolument pour la première année.....................	» 50
— pour chaque année suivante............ ..	» 25

---

(1) Si l'expédition de l'acte de dépôt est demandée au moment de sa rédaction, il n'est dû que le coût du timbre employé pour cette première expédition. Pour les expéditions subséquentes, il est dû, outre le coût du timbre employé, un émolument de 1 fr., quel que soit le nombre de rôles (art. 12 du décret du 27 janvier 1891).

28. — Répertoire (mention au).

	Emol.
Timbre du répertoire...........................	» 25
Emolument pour la mention.......................	» 10
TOTAL......	» 35

N.-B. — En matière de faillite et de liquidation judiciaire, sauf pour les jugements, les 0 fr. 25 du timbre ne doivent pas être perçus.

29. — Serment d'expert.

	Timbre	Enreg.	Emol.
Timbre...............................	» 60	» —	» —
— répertoire.......................	» 25	» —	» —
Enregistrement	» —	5 63	» —
Emolument	» —	» —	1 —
Mention au répertoire..................	» —	» —	» 10
TOTAL......	» 85	5 63	1 10

7 58

30. — Soumission de caution.

Même coût que le n° 3.

31. — Visa d'exploit.

	Emol.
Emolument.	» 25

CHAPITRE II

Actes spéciaux aux Tribunaux de Commerce des villes maritimes.

---

32. — Rédaction du rapport d'un capitaine de navire à l'arrivée d'un voyagé au long-cours ou de grand cabotage.

	Timbre	Enreg.	Emol.
Timbre (timbre employé)...............	Mémoire	» —	» —
— répertoire.......................	» 25	» —	» —
Enregistrement	» —	5 63	» —
Emolument	» —	» —	3 —
Mention au répertoire...............	» —	» —	» 10
TOTAL......	Mémoire	5 63	3 10

Mémoire

33. — Rédaction d'un rapport à l'arrivée d'un voyage de petit cabotage, de bornage ou de navigation fluviale.

	Timbre	Enreg	Emol.
Timbre (timbre employé)...............	Mémoire	» —	» —
— répertoire.....................	» 25	» —	» —
Enregistrement.......................	» —	5 63	» —
Emolument...........................	» —	» —	2 —
Mention au répertoire.................	» —	» —	» 10
Total......	Mémoire	5 63	2 10

Mémoire

34. — Déclaration au greffe des causes de relâche dans un voyage.

Même coût que le n° 33.

35. — Rédaction du rapport du capitaine en cas de naufrage ou d'échouement.

Même coût que le numéro 32.

CHAPITRE III

FAILLITES

------

36. — Déclaration de cessation de commerce.

	Emol.
Emolument...	1 —
Dixième du droit de rédaction.........................	» 13
Mention au répertoire.................................	» 10
Total......	1 23

37. — Dépôt de bilan, d'inventaire, d'état de situation, d'état de frais, de transaction, etc.

Emol.

Emolument	» 50
Dixième du droit de rédaction	» 13
Mention au répertoire	» 10
Total	» 73

38. — Droit de communication des pièces et procès-verbaux dans les procédures de faillite.

Emol.

Emolument	10 —

39. — Avis au juge de paix, au syndic de la déclaration de faillite.

Emol.

Emolument pour l'envoi de la lettre	» 20
Affranchissement	» 10
Total	» 30

40. — Avis au juge-commissaire de sa nomination.

Emol.

Emolument	» 20

41. — Rédaction de l'extrait du jugement déclaratif de faillite à afficher et de celui qui doit être remis au Parquet, ensemble.

Emol.

Emolument	1 —

42. — Procès-verbal d'affiche.

Même coût que le nᵉ 37.

42 bis. — Casier judiciaire.

Emol.

Bulletin n° 1............ .... 0 40
Duplicata (Liste électorale)..................... 0 15

Il doit être délivré un bulletin n° 1 et un duplicata pour le casier électoral, pour tout jugement de faillite ayant acquis l'autorité de la chose jugée. (V. circulaire justice du 17 février 1900. Bull. 7e série, p. 167).
— Pour les liquidations judiciaires il en est de même.

43. — Certificat constatant l'affichage de l'extrait de jugement déclaratif de faillite.

Même coût que le n° 36.

Pour éviter toute difficulté, il est préférable de remplacer ce certificat par l'expédition, sur timbre, du procès-verbal d'affiche.

43 bis. — Certificat pour le Receveur des postes (1).

Même coût que le n° 5.

44. — Insertion au journal d'un jugement déclaratif de faillite ou autre, d'une convocation de créanciers, etc.

Emol.

Frais de l'imprimeur........................... Mémoire
Emolument pour la rédaction de l'extrait.......... » 50

Mémoire

N.-B. Lorsque l'insertion a lieu dans plusieurs journaux, l'émolument, pour la rédaction de chaque extrait supplémentaire, est réduit à 0 fr. 15.

45. — Convocation par lettres pour une réunion de créanciers.

Emol.

Emolument (0 fr. 20 lettre)..................... Mémoire
Affranchissement (coût des timbres employés)...... Mémoire

Total....... Mémoire

(1) Ce certificat doit être visé par le juge-commissaire et légalisé par le Président.

46, — Procès-verbal de première assemblée de créanciers pour la nomination du syndict définitif.

Emol.

Emolument..............	2 —
Mention au répertoire............................	» 10
TOTAL........	2 10

47. — Rédaction de l'extrait du jugement fixant ou modifiant l'époque à laquelle a eu lieu la cessation des paiements.

Emol.

Emolument........................ ....·...	» 50

48. — Ordonnance du juge-commissaire donnant une autorisation au syndic ou au failli.

Emol.

Emolument................................	Néant
Mention au répertoire............................	0 10
TOTAL........	0 10

49, — Procès-verbal de reddition de comptes du syndic provisoire au syndic définitif et autres procès-verbaux non prévus par le décret du 18 juin 1880.

Emol.

Emolument......	3 —
Mention au répertoire	» 10
TOTAL........	3 10

50.— Procès-verbal de vérification de créances

Emol.

Emolument (0 fr. 50 par chaque créance vérifiée)...	Mémoire
Mention au répertoire.........	» 10
TOTAL........	Mémoire

51. — Procès-verbal d'affirmation de créances.

Emol.
—

Emolument (0 fr. 15 par chaque créance affirmée)... Mémoire
Mention au répertoire............................ » 10

Total........ Mémoire

N. B. — Dans un certain nombre de tribunaux la vérificàtion et l'affirmation des créances ont lieu simultanément et par un seul procès-verbal ; dans ce cas, il y a lieu d'ètablir le coût de la manière suivante :

Emol.
—

Emolument (0 fr. 50 par chaque créance vérifiée)... Mémoire
» (0 fr. 15 par chaque créance affirmée)... Mémoire
Mention au répertoire............................ » 10

Total....... Mémoire

52. — Renvoi d'incidents à l'audience par suite de contestations de créances.

Emol.
—

Emolument.................................... » 50

N.-B. — Le droit doit être perçu séparément pour chaque incident.

53. — Dépôt de titres de créances au greffe,

Emol.
—

Emolument.................................... » 50

N.-B. — Le droit doit être perçu séparément pour chaque récépissé de titre.

54. — Procès-verbal de renvoi à huitaine pour nouvelle tentative de concordat.

Même coût que le n° 49.

55. — Procès-verbal d'union, de clôture, de concordat, de reddition de compte de syndic au failli, aux créanciers, au syndic de l'union.

	Emol.
Emolument..	4 —
Mention au répertoire..............................	0 10
Total.......	4 10

56. — Relevé du registre de comptabilité des faillites

	Emol.
Emolument (par trimestre et par faillite)..........	2 —

CHAPITRE IV

LIQUIDATIONS JUDICIAIRES

Le tarif des liquidations judiciaires est identiquement le même que celui des faillites pour tous les cas analogues de ces deux procédures.

La procédure en matière de liquidation judiciaire est plus simple et plus rapide que celle des faillites.

En matière de liquidation judiciaire, il n'y a pas lieu de donner avis au Juge de Paix de son ouverture; il n'y a pas lieu non plus d'avertir les créanciers de produire leurs titres dans les vingt jours comme cela se pratique en matière de faillite, mais il y a deux réunions à quinze jours d'intervalle pour les deux procès-verbaux de vérification de créances.

Les deux formalités de vérification et d'affirmation de créances se font simultanément dans le même procès-verbal lors de chaque vérification et affirmation.

Les créanciers qui n'ont pas produit leurs titres lors de la première assemblée de vérification et affirmation sont de nouveau convoqués à cet effet pour la deuxième rénnion. Quant aux créanciers qui ont produit leurs titres lors de la première réunion, ils sont simplement avertis du jour et de l'heure de la deuxième assemblée de vérification et affirmation.

CHAPITRE V

Nomenclature de toutes les formalités qui peuvent se produire dans le cours d'une faillite ou d'une liquidation judiciaire (1).

La colonne 4 indique les numéros du Tarif auquel la formalité se réfère. On a jugé inutile de répéter ces numéros pour les formalités qui sont énoncées plusieurs fois dans cette nomenclature.

NATURE DES FORMALITÉS	Article du code de commerce ou de lois	Tarif du 18 juin 1880	Décret du 28 juin 1892	Numéro du relevé
Déclaration de cessation de paiements par le failli	438 439	8.8°		36
Dépôt de bilan pour un tiers	439	8.2°		37
Jugement déclaratif de faillite	440	....		16
Expédition	...	....	1	14
Avis au juge de paix, au juge commissaire, au syndic	457	7.5°		39
Rédaction de l'extrait du jugement à afficher et de celui du Parquet	442	7.1°		41
Procès-verbal d'affiche	...	8 3°		37
Coût des affiches et de l'affichage au dehors	...	....		»
Rédaction de l'extrait du jugement et d'une copie à insérer aux journaux	...	7.3°		44
Copie en sus pour insertion dans 2e journal	...	7.3°		44
Frais d'insertion au journal	...	....		»
» » 2e journal	...	....		»
Report d'ouverture. Jugement portant ouverture de la faillite	441	....		
Expédition dudit jugement	...	....	1	
Rédaction de l'extrait du jugement à afficher	442	7.2°		
Procès-verbal d'affiche	...	8.3°		
Coût des affiches et de l'affichage au dehors	...	....		
Rédaction de l'extrait de jugement et d'une copie à insérer	...	7.3°		
Copie en sus pour insertion dans le 2e journal	...	7.3°		
Frais d'insertion au journal	...	....		
» » 2e journal	...	....		

(1) NOTA. — Les ordonnances du Juge rendues à la requête des syndics et liquidateurs ne donnent lieu à aucun émolument.

Elles ne sont portées sur ce tableau que pour mémoire.

Si elles figurent au répertoire, elles donnent droit à l'émolument de 0 fr. 10.

NATURE DES FORMALITÉS	Article du code de commerce ou de lois	Tarif du 18 juin 1880	Décret du 28 juin 1892	Numéro du relevé
Ordonnance du juge-commissaire autorisant inventaire sans scellés..........	455	10.3°		
Ordonnance du juge-commissaire pour avance de frais par le Trésor public...	460	10.3°		28
Syndicat. Ordonnance du juge pour syndicat définitif	462	10.3°		
Avis pour insertion au journal..........	...	7.3°		
» 2ᵉ journal........	...	7.3°		
Frais d'insertion au journal.............	...	....		
» 2° journal.........	...	....		
Lettres aux créanciers................	...	7.4°		
Avis au juge et au syndic des jour et heure de l'Assemblée................	...	7.5°		
Procès-verbal d'assemblée pour le syndicat définitif	...	4.1°		46
Etat des créanciers portés au bilan.....	...	8.8°		3
Etat de situation déposé par le débiteur.	...	8.2°		37
Jugement nommant le syndic définitif...	462	....		16
Expédition dudit jugement..............	...	....	1	
Bulletins pour le casier judiciaire........	...	....		42 bis
» pour la liste électorale........	...	....		»
Ordonnance du juge pour les objets indispensables au failli ou sujets à dépérissement.........................	469	10.3°		
Ordonnance du juge autorisant la vente des objets sujets à dépérissement.....	470	10.3°		
Ordonnance du juge autorisant l'exploitation du fonds de commerce.........	470	10.3°		
Jugement autorisant mise en liberté du failli.........................	472	....		
Procès-verbal de soumission de caution.	472	8.8°		36
Ordonnance du juge accordant secours au failli et à sa famille	474	10.3°		
Dépôt du bilan par le syndic (s'il n'a pas été déposé par le failli)..............	476	8.2°		
Dépôt de l'inventaire par le syndic......	480	8.2°		
Ordonnance du juge autorisant la vente des meubles ou marchandises........	486	10.3°		
Ordonnance du juge autorisant transaction................................	487	10.3°		
Jugement homologuant transaction.....	487	....		
Expédition dudit jugement.............	...	....	1	
Ordonnance du juge fixant les conditions du travail du failli...................	488	10.3°		

NATURE DES FORMALITÉS	Article du code de commerce ou de lois	Tarif du 18 juin 1880	Décret du 28 juin 1892	Numéro du relevé
Ordonnance pour dépôt à la caisse des consignations et arbitrant la somme à retenir par le syndic pour dépenses et frais................................	489	10.3°		
Certificat arbitrant la somme à retenir par le syndic pour requérir inscription hypothécaire........................	490	8.8°		
Lettre aux créanciers pour remise des titres dans les vingt jours...........	•491	7.4°		
Récépissé des bordereaux et des titres par le greffier......................	491	7.6°		53
Rédaction de l'extrait à insérer au journal................................	492	7.3°		
Copie en sus pour insertion au 2ᵉ journal................................	492	7.3°		
Frais d'insertion au journal.............	...	....		
» au 2ᵉ journal.........	...	....		
Ordonnance du juge fixant les jours et heures des vérifications et affirmations	493	10.3°		
Lettres aux créanciers fixant les jours et heures des vérifications et affirmations	493	7.4°		
Rédaction de l'extrait à insérer au journal	492	7.3°		
Copie en sus pour insertion au 2ᵉ journal................................	492	7.3°		
Frais d'insertion au journal.............	...	....		
» au 2ᵉ journal.........	...	....		
Avis au juge et au syndic rappelant jours des vérifications et affirmations	...	7.5°		
Procès-verbal de la première séance de vérifications	495	4.3°		50
Procès-verbal de la première séance d'affirmations	495	4.3°		51
Lettres aux créanciers pour la deuxième séance................................	...	7.4°		
Procès-verbal de la deuxième séance de vérifications	...	4.3°		50
Procès-verbal de la deuxième séance d'affirmations......................	...	4.3°		51
Lettres aux créanciers pour clôture de vérifications et affirmations.........	...	7.4°		
Procès-verbal de clôture des vérifications	...	4.3°		50
» » des affirmations	...	4.3°		51

NATURE DES FORMALITÉS	Article du code de commerce ou de lois	Tarif du 18 juin 1880	Décret du 28 juin 1892	Numéro du relevé
Avis pour insertion au journal pour le remplacement d'un syndic démissionnaire ou révoqué	...	7.3°		
Avis pour insertion au 2e journal	...	7.3°		
Frais d'insertion au journal	...	...		
» au 2e journal	...	...		
Lettres aux créanciers	...	7.4°		
Avis au juge et au syndic des jour et heure de l'assemblée	...	7.5°		
Procès-verbal d'assemblée pour nomination du nouveau syndic	...	4.9°		
Jugement qui nomme le nouveau syndic.	464	...		
Ordonnance du juge fixant jour et heure du concordat	504	10.3°		
Lettres aux créanciers admis	...	7.4°		
Rédaction de l'extrait à insérer au journal	...	7.3°		
Copie en sus pour insérer au 2e journal	...	7 3°		
Frais d'insertion au journal	...	...		
» au 2e journal	...	...		
Avis au juge et au syndic rappelant les jour et heure du concordat	...	7.5°		
Dépôt d'état de frais du syndic	...	8.2°		37
» de situation	...	8.2°		37
S'il y a concordat. Procès-verbal définitif de concordat	506	4.4°		55
Jugement homologuant le concordat	513	...		
Expédition dudit jugement	...	...	1	
Procès-verbal de reddition des comptes du syndic au failli	519	4.6°		55
Cas de sursis au concordat. Ordonnance du juge fixant jour pour délibération sur sursis	510	10.3°		
Lettres aux créanciers admis	...	7.4°		
Rédaction de l'extrait à insérer au journal	...	7.3°		
Copie en sus pour insertion au 2e journal	...	7.3°		
Frais d'insertion au journal	...	...		
» au 2e journal	..	...		
Avis au juge et au syndic rappelant jour et heure	..	7.5°		
Procès-verbal sur les sursis au concordat	510	4.9°		49

NATURE DES FORMALITÉS	Article du code de commerce ou de lois	Tarif du 18 juin 1880	Décret du 28 juin 1892	Numéro du relevé
Cas de remise à huitaine. Procès-verbal de renvoi à huitaine	509	4.5°		49
Lettres aux créanciers admis	...	7.4°		
Rédaction de l'extrait à insérer au journal	...	7.3°		
Copie en sus pour insertion au 2ᵉ journal	...	7.3°		
Frais d'insertion au journal	...	....		
» au 2ᵉ journal	...	.. .		
Avis au juge et au syndic rappelant jour et heure	...	7.5°		
Clôture pour insuffisance d'actif. Jugement clôturant la faillite	527	....		
S'il y a union. Procès-verbal d'union	529	4.4°		55
Jugement nommant le syndic de l'uion	529	....		
Expédition dudit jugement	...	....	1	
Ordonnance du juge accordant secours au failli	530	10.3°		
Ordonnance pour consulter les créanciers sur la continuation de l'exploitation	532 533	10.3°		
Lettres aux créanciers admis	...	7.4°		
Rédaction de l'extrait à insérer au journal	...	7.3°		
Copie en sus pour insertion au 2ᵉ journal	...	7.3°		
Frais d'insertion au journal	...	....		
» au 2ᵉ journal	...	....		
Avis au juge et au syndic rappelant jour et heure	..	7.5°		
Procès-verbal sur la continuation de l'exploitation de l'actif	532 533	4.9°		
Ordonnance autorisant la vente des immeubles	534	10.3°		
Ordonnance autorisant transaction	535 487	10.3°		
Jugement homologuant la transaction	570	....		
Expédition dudit jugement	...	....	1	
Compte annuel. Ordonnance fixant jour et heure du compte annuel	536	10.3°		
Lettres aux créanciers admis	...	7.4°		
Rédaction de l'extrait à insérer au journal	...	7 3°		
Copie en sus pour insertion au 2ᵉ journal	...	7.3°		

NATURE DES FORMALITÉS	Article du code de commerce ou de lois	Tarif du 18 juin 1880	Décret du 28 juin 1892	Numéro du relevé
Frais d'insertion au journal...............	...	....		
» au 2ᵉ journal	...	....		
Avis au juge et au syndic rappelant jour et heure	...	7.5°		
Procès-verbal de la reddition du compte annuel..........................	...	4.9°		
Compte définitif et excusabilité. Ordonnance fixant jour et heure du compte définitif	537	10.3°		
Lettres aux créanciers admis	...	7.4°		
Rédaction de l'extrait à insérer au journal	...	7.3°		
Copie en sus pour insertion au 2ᵉ journal	...	7.3°		
Frais d'insertion au journal............	...	....		
» au 2ᵉ journal	...	....		
Avis au juge et au syndic rappelant jour et heure..........................	...	7.5°		
Procès-verbal de dissolution de l'union .	...	4.9°		49
Jugement statuant sur l'excusabilité....	538	....		
Ordonnance du juge autorisant le syndic à payer les créanciers privilégiés ...	551	10.3°		
Ordonnance du juge fixant 1ʳᵉ répartition entre les créanciers............	565	10.3°		
Lettres aux créanciers admis	...	7.4°		
Rédaction de l'extrait à insérer au journal	...	7.3°		
Copie en sus pour insertion au 2ᵉ journal	...	7.3°		
Frais d'insertion au journal............	...	....		
» au 2ᵉ journal..........	...	....		
Ordonnance du juge fixant 2ᵉ répartition entre les créanciers..............	565	10.3°		
Lettres aux créanciers admis	...	7.4°		
Rédaction de l'extrait à insérer au journal	...	7.3°		
Copie en sus pour insertion au 2ᵉ journal	...	7.3°		
Frais d'insertion au journal............	...	....		
» au 2ᵉ journal	...	....		
Aliénation des créances non recouvrées. Ordonnance fixant jour et heure de l'assemblée......................	570	10.3°		
Lettres aux créanciers admis	...	7.4°		

NATURE DES FORMALITÉS	Article du code de commerce ou de lois	Tarif du 18 juin 1880	Décret du 28 juin 1892	Numéro du relevé
Rédaction de l'extrait à insérer au journal	...	7.3º		
Copie en sus pour insertion au 2ᵉ journal	...	7.3º		
Frais d'insertion au journal	...	....		
» au 2ᵉ journal	...	....		
Délibération de l'union à cet égard	...	4.9º		49
Jugement autorisant l'aliénation	570	....		
Expédition dudit jugement	...	....	1	
Communication des pièces, procès-verbaux et renseignements dans la procédure de la faillite.	...	7.7º		38
Tenue du registre de comptabilité de la faillite. Communication de ce registre au failli et aux créanciers, établissements des relevés trimestriel et leur envoi au Procureur général		7.8º		56